MATTIAS KRISTIANSSON

VEGAN GRILLEN

HEEL

IMPRESSUM

HEEL VERLAG GMBH
GUT POTTSCHEIDT
53639 KÖNIGSWINTER
TEL.: 02223 9230-0
FAX: 02223 9230-13
E-MAIL: INFO@HEEL-VERLAG.DE
WWW.HEEL-VERLAG.DE

ORIGINALTITEL: VEGAN BBQ. GRILLA GRÖNT OCH GALET GOTT!
ISBN DER ORIGINALAUSGABE: 978-91-7661-042-8

GRAFISCHE GESTALTUNG: ANNA ÅGREN
REDAKTION: HANNA HÅKANSSEN
REPRODUKTION: ITALGRAF MEDIA
ITALGRAF MEDIA AB

DEUTSCHE AUSGABE:
ÜBERSETZUNG: HEIKE MERKLEIN
SATZ: RALPH HANDMANN, KÖNIGSWINTER
COVERGESTALTUNG DER DEUTSCHEN AUSGABE: CHRISSI MERTENS, HEEL VERLAG, KÖNIGSWINTER

PRINTED IN CZECH REPUBLIC

ISBN: 978-3-95843-417-2

INHALT

EINLEITUNG

Als ich klein war, wurde mir beigebracht, vor Feuer Angst zu haben. Was an sich gut ist, denn mit Feuer ist nicht zu spaßen. Es hört weder auf strenge Schelte noch auf erhobene Zeigefinger. Als ich jedoch erkannte, welche kulinarischen Wunder diese unheimlichen Flammen hervorbringen können, wurde die Angst zur Liebe – und diese Liebe hat sich in ein Buch verwandelt, und zwar in das Buch, das Sie jetzt gerade in der Hand halten. Ist das nicht toll? Und was daran noch toller ist – alles in diesem Buch ist vegan. Ein komplett veganes Grillbuch!

Falls Sie es nicht ohnehin schon wissen, dann vermelde ich hiermit eine schockierende Neuigkeit: Veganer wie ich haben es auf Grillpartys nicht leicht. Wir bekommen immer langweiliges Gemüse mit schwarz verkohlten Rändern auf einem elenden Einweggrill serviert oder einen Teller mit gegrillten Beilagen und manchmal mit einer Beilage zur Beilage, als „Ersatz" für Fleisch. Natürlich liebe ich Gemüse, keine Frage, aber man will ja auch mal an leckeren Spießen knabbern oder bombastische Burger verschlingen mit Saucen, die ohnmächtig machen und Beilagen genießen, mit denen der Grillteller in den Sommerhimmel abhebt!

Dafür habe ich dieses Buch gemacht. Ich habe alle meine Lieblingszutaten zusammengetragen, geschnibbelt, gerührt, probiert und gegrillt, bis ich schweißgebadet war und mich fast selbst abgefackelt habe. Das Resultat: Eine Sammlung der allerbesten Rezepte – nicht nur für den Sommer! Stellen Sie sich schon mal darauf ein, dass Sie Ihren Dallas-Burger und die koreanischen BBQ-Tacos vor den Umstehenden verteidigen müssen, die grün vor Neid werden wie eine Selleriestange. Aber seien Sie nett und laden Sie sie ein, ... denn alle, egal ob Fleischliebhaber oder nicht, sollten einmal ein schmackhaftes veganes BBQ probieren dürfen.

WIE BITTE, VEGANES „FLEISCH“?

SEITAN

Besteht aus Weizengluten und ist sehr eiweißreich. Man kann es selbst herstellen, indem man die Stärke aus gewöhnlichem Weizenmehl herausknetet oder man kauft es als fertiges Weizengluten in Mehlform. Seitan hat eine sehr „fleischige" Konsistenz, ist gut bissfest und leicht faserig. Der Vorteil beim Selbermachen ist, dass man den „Teig" würzen kann und dieser Geschmack dann das gesamte Stück durchdringt. Auch ausgezeichnet zum Marinieren geeignet.

VEGANE WÜRSTCHEN & VEGANE BURGER

Sind in Kühl- und Gefriertheken erhältlich. Genau wie normales Fleisch gibt es sie in verschiedenen Größen, mit unterschiedlichem Geschmack und Inhalt. Hier sollte man probieren und seine Lieblingssorten finden. Man kann sie so verwenden, wie sie sind oder zusätzlich mit einer Kräuterglasur bestreichen.

TZAY

Tzay sind Stücke auf Sojabasis mit einem asiatischen Touch von Knoblauch, Ingwer und Chili. Man findet sie in der Gefriertheke, entweder als lose Stücke oder am Spieß. Dann nur noch auf den Grill packen.

TOFU

Nehmen Sie festen Tofu und nicht den weichen Seidentofu. Festen Tofu erhält man in normalen Lebensmittelgeschäften. Er lässt sich auch noch fester machen, indem man ihn in ein Küchenhandtuch wickelt und Wasser herauspresst. Tofu macht sich am besten, wenn er lange mariniert wird, am besten einige Stunden lang. Ich mag Tofu auch richtig scharf gegrillt, sodass er außen knusprig und innen weich ist.

SOJA-STÜCKE

Veganer Fleischersatz ist meist auf Sojabasis hergestellt, wodurch er sehr eiweißreich und gehaltvoll ist. Und man hat eine herrliche bissfeste Konsistenz. Sie können gefriergetrocknete Sojastücke kaufen, die dann nur einige Minuten in Wasser oder Brühe gekocht werden. Ungewürztes vegetarisches „Fleisch" wird am besten, wenn es eine leckere Marinade aufgesogen hat.

GIBT ES NOCH MEHR?

Aber natürlich. Das hier sind nur die absoluten Basics. Wenn Sie einen veganfreundlichen Laden oder eine Website finden, können Sie alles bestellen, von gewürztem Kebab über Tempeh (fermentierte Sojabohnen) bis zu „Hähnchensticks" und „Roastbeef".

VOM GRILL

ÜBRIGENS

sind die Rezepte in diesem Buch nicht nur vegan, sondern zum Teil auch glutenfrei, erkennbar an diesem Symbol. GF

HOLZFÄLLERSTEAK MIT CHIPOTLE-DRESSING & GEGRILLTEN SÜSSKARTOFFELN

Holzfällersteak ist das Lieblingsstück aller Grillfans. Dieses hier kommt natürlich nicht vom Schwein, sondern besteht aus „Seitan“, einem veganen Fleischersatz.

4 PORTIONEN

HOLZFÄLLERSTEAK
200 g Weizengluten
100 ml kaltes Wasser
50 ml Ketchup
1 EL vegetarische Worcestershiresauce
1 EL Sojasauce
einige Tropfen Tabasco

BRÜHE ZUM KOCHEN
2 Liter Wasser
100 ml Sojasauce
5 Knoblauchzehen

STEAK-RUB
2 TL Paprikapulver
1 TL Kreuzkümmel
1 TL Knoblauchpulver
2 TL Zwiebelpulver
1 TL Salz
schwarzer Pfeffer
2 EL Olivenöl

CHIPOTLE-DRESSING
2 EL Chipotlepaste
3 EL Tomatenpüree
3 EL Zucker
2 Knoblauchzehen
100 ml Sweet-Chili-Sauce
2 EL Sojasauce
50 ml Rapsöl
1 TL Salz

GEGRILLTE SÜSSKARTOFFELN
8 kleine Süßkartoffeln

SEITANSTEAK
1. Das Weizengluten in eine Schüssel geben.
2. Das Wasser, den Ketchup, die Worcestershiresauce, die Sojasauce und einige Tropfen Tabasco in einer anderen Schüssel verrühren, zum Weizengluten dazugeben und einige Minuten zu einem festen Teig kneten.
3. Den Teig in vier Teile teilen und diese zu flachen Steaks drücken.

BRÜHE ZUM KOCHEN
1. Das Wasser, die Sojasauce und die Knoblauchzehen aufkochen.
2. Die Seitan-Steaks in die Brühe legen und zugedeckt bei geringer Wärmezufuhr 30 Minuten köcheln lassen.
3. Herausnehmen und abkühlen lassen.

STEAK-RUB
1. Alle Gewürze vermischen.
2. Die Steaks mit der Gewürzmischung einreiben und mit dem Öl bestreichen. Die Steaks so lange grillen, bis sie ein schönes Branding haben.

CHIPOTLE-DRESSING
Alle Zutaten vermischen.

GEGRILLTE SÜSSKARTOFFELN
1. Die Süßkartoffeln mit einer Gabel anstechen und jeweils oben einschneiden.
2. Die Kartoffeln in Aluminiumfolie einwickeln und etwa eine Stunde auf den Grill legen, bzw. so lange, bis sie weich sind.

WEIZENGLUTEN

Weizengluten ist nicht das gleiche wie mit Protein angereichertes Mehl. Es ist normales Weizenmehl, aus dem die Stärke herausgewaschen wurde. Übrig bleibt dann ein Mehl mit rund 80 % Eiweißgehalt. Dies wird u.a. in den USA viel verwendet, um den beliebten veganen Fleischersatz „Seitan" herzustellen. Es ist in großen Supermärkten, Reformhäusern und im Internet erhältlich.

SEITAN-NEGIMAKI

Ein japanisches Gericht, das sich sehr gut auf dem Grill macht. Als Füllung können Sie jedes beliebige Gemüse verwenden.

4 PORTIONEN

SEITAN
200 g Weizengluten
175 ml Wasser
1 ½ EL Sojasauce
1 Liter Wasser
2 Gemüsebrühwürfel

MARINADE
100 ml Hoisin-Sauce
100 ml Wasser
2 EL Tomatenpüree
1 EL Rotweinessig
2 TL Sriracha-Sauce
1 TL Salz

FÜLLUNG
1 Bund Frühlingszwiebeln
1 Bund grüner Spargel

SEITAN
1. Das Weizengluten in eine Schüssel geben. 175 ml Wasser und die Sojasauce dazugeben und zu einem festen Teig kneten. Das dauert einige Minuten. Zu einem Klumpen zusammendrücken.
2. Die Brühwürfel in 1 Liter Wasser aufkochen. Die Temperatur senken und den Seitan-Teig hineinlegen. Bei geringer Wärmezufuhr zugedeckt ca. 30 Minuten köcheln lassen. Herausnehmen und etwas abkühlen lassen.
3. Dann den Seitan in dünne Scheiben schneiden.

MARINADE
1. Alle Zutaten für die Marinade vermischen.
2. Die Seitanscheiben in der Marinade wenden, so dass sie gut bedeckt sind. Dann auf eine Arbeitsplatte legen.
3. Die Frühlingszwiebeln halbieren und die unteren harten Teile des Spargels abschneiden und entsorgen. Den Spargel in eine Schüssel legen und die restliche Marinade darüber gießen. Alles umrühren. Einige Frühlingszwiebeln und Spargel in die Mitte jeder Seitan-Scheibe legen. Zusammenrollen und mit einem Zahnstocher fixieren.

Die Seitan-Rollen grillen, bis sie ein schönes Branding haben und das Gemüse weich, aber noch bissfest ist.

VARIANTE!
In Asia-Läden gibt es manchmal Yuba (Tofu Skin), das sich auch hervorragend zum Marinieren und zum Einwickeln von Gemüse eignet.

TOFU-SATAY MIT GEGRILLTER WASSERMELONE & ERDNUSSSAUCE

GF

Satay-Spieße mit Erdnusssauce sind bei Groß und Klein beliebt. Und wenn man Wassermelone über heiße Glut legt, geschieht etwas Magisches. Es ist, als ob sie aus ihrer Verpuppung herauskommt, ihre Flügel ausbreitet und alle ihre Aromen entfaltet.

4 PORTIONEN

400 g fester Tofu oder beliebiges veganes „Fleisch"

SATAY-MARINADE

1 Stängel Zitronengras
2 EL Rapsöl
50 ml Sojasauce
2 EL Agavendicksaft
Saft von 1 Limette
2 geriebene Knoblauchzehen
2 TL Kurkuma
⅛ Wassermelone (ca. 500 g)
Rapsöl zum Bestreichen

ERDNUSSSAUCE

200 ml cremige Erdnussbutter
Saft von 2 Limetten
1 EL geriebener frischer Ingwer
1 geriebene Knoblauchzehe
2 EL Agavendicksaft
2 EL Sojasauce
2 EL Wasser
100 ml ungesalzene Erdnüsse
1 frische rote Chilischote

TOFU

Den Tofu in Würfel schneiden und in einen Gefrierbeutel legen.

SATAY-MARINADE

1. Das Zitronengras fein hacken und mit dem Rapsöl, der Sojasauce, dem Agavendicksaft, dem Limettensaft, den geriebenen Knoblauchzehen und dem Kurkuma in einer Schüssel verrühren. Ebenfalls in den Gefrierbeutel füllen und alles gut mischen. Mindestens 30 Minuten marinieren lassen, am besten länger.
2. Den Tofu oder das vegane „Fleisch" auf Grillspieße stecken. So lange grillen, bis sie eine schöne Farbe und ein Branding haben. Die Wassermelone in dicke Scheiben schneiden und mit dem Rapsöl bestreichen.
3. Auf den Grill legen, bis sie ein schönes Branding haben.

ERDNUSSSAUCE

1. Die Erdnussbutter, den Limettensaft, den geriebenen Ingwer, die geriebene Knoblauchzehe, den Agavendicksaft, die Sojasauce und das Wasser in einer Küchenmaschine zu einer glatten Sauce mixen.
2. Die Erdnüsse und die rote Chilischote fein hacken. Unter die Sauce rühren.

Die Satay-Spieße zusammen mit der gegrillten Wassermelone und der Erdnusssauce servieren.

GEGRILLTE FLADEN-BROTROLLEN

Diese Rollen sind ein Highlight auf jedem Büffet und in ihnen steckt der Geschmack des Sommers. Am leckersten sind sie frisch gegrillt und knusprig, aber sie schmecken auch lauwarm hervorragend.

8 ROLLEN

8 WRAPS
400 g gekochte neue Kartoffeln
1 Avocado
½ rote Zwiebel
1 Bund frischer Schnittlauch
50 g geriebener Käse, milchfrei
100 g Sojajoghurt
Saft von 1 Zitrone
½ EL geriebener Meerrettich
1 TL Salz
schwarzer Pfeffer

ZUBEREITUNG

1. Die Wraps auf die Arbeitsfläche legen.
2. Die Kartoffeln in kleinere Stücke schneiden.
3. Die Avocado halbieren und den Stein entfernen. Das Fruchtfleisch auslösen und in kleinere Stücke schneiden.
4. Die Zwiebel fein hacken und den Schnittlauch klein schneiden.
5. Die Kartoffeln, die Avocadostücke, die Zwiebeln, den Schnittlauch, den geriebenen Käse, den Sojajoghurt, den Zitronensaft, den geriebenen Meerrettich, das Salz und den Pfeffer vermengen.
6. Die Füllung auf den Wraps verteilen und zusammenrollen. Jede Rolle in Alufolie wickeln und einige Minuten auf den Grill legen.
7. Ein Paket öffnen – wenn das Brot Farbe angenommen hat, dann sind die Rollen fertig.

GF

Für die glutenfreie-Variante glutenfreie Wraps oder Tortillas verwenden.

TOFU IN MISO MARINIERT MIT KELP-SALAT

GF

Miso-Paste wird viel zu selten verwendet. Sie verleiht Saucen und Marinaden einen kaum zu übertreffenden Geschmack. Einfach mal ausprobieren! Auch Kelp-Nudeln sind eine nur selten verwendete Zutat. Sie bestehen im Prinzip nur aus Wasser, schmecken nach gar nichts, saugen aber andere Aromen auf wie ein Schwamm. Man bekommt sie im Asia-Laden oder kann sie über das Internet beziehen.

4 PORTIONEN

400 g fester Tofu
1 gelbe Paprikaschote
1 rote Zwiebel

MISO-MARINADE
3 EL weiße Miso-Paste
50 ml Sojasauce
50 ml Weißweinessig
2 TL Sesamöl
1 EL geriebener frischer Ingwer
2 Frühlingszwiebeln
½ TL Salz

KELP-SALAT MIT AVOCADO
1 Packung Kelp-Nudeln à 300 g
3 Avocados
1 EL Sojasauce
1 TL Sesamöl
Saft von 2 Limetten
1 Bund Brunnenkresse
2 Frühlingszwiebeln
400 ml gemischter Salat
1 TL Salz

ZUBEREITUNG

Den Tofu und die Paprika in kleinere Stücke schneiden, die rote Zwiebel in Achtel. Alles in einen Gefrierbeutel geben.

MISO-MARINADE

1. Die Miso-Paste, die Sojasauce, den Weißweinessig, das Sesamöl und den geriebenen Ingwer in einer Schüssel vermischen. Die Frühlingszwiebeln fein hacken und in die Marinade geben. Salzen.
2. Die Marinade in den Gefrierbeutel mit dem Tofu gießen und alles gut vermischen. Mindestens 30 Minuten marinieren, möglichst länger.
3. Den Tofu und das Gemüse auf Grillspieße stecken und grillen, bis sie eine schöne Farbe bekommen haben.

KELP-SALAT MIT AVOCADO

1. Die Kelp-Nudeln in Wasser abspülen und abtropfen lassen. Die Avocados halbieren und die Steine entfernen. Das Fruchtfleisch herauslösen und in eine Schüssel legen. Mit einer Gabel zerdrücken. Die Sojasauce, das Sesamöl und den Limettensaft unterrühren. Die Avocadomasse mit den Kelp-Nudeln vermengen.
2. Die Kresse abzupfen und die Frühlingszwiebeln in feine Scheiben schneiden. Die Kresse, die Frühlingszwiebeln und den Salat unter die Nudeln heben, mit dem Salz abschmecken.

Die mit Miso marinierten Grillspieße zusammen mit dem Kelp-Salat servieren.

HOTDOG MIT VERSCHIEDENEN TOPPINGS

Als ich noch Fleisch gegessen habe, war ich manchmal bei Pink's Hot Dogs in Los Angeles. Die sind berühmt für ihre Hotdogs und bieten auch vegane Alternativen an. Hier kommen alle Promis hin und warten bis zu einer halben Stunde in der Schlange, um ihre Würstchen mit wahnsinnig viel Topping zu erstehen. Diese beiden Hotdog-Rezepte sind von Pink's inspiriert.

4 PORTIONEN

MARTHA STEWART DOG

4 vegane Würste
4 Hotdog-Brötchen, siehe Rezept auf Seite 67

TOPPING

50 g geräucherter Tofu
1 Zwiebel
1 Tomate
Sauerkraut
Gurken-Relish
Sojajoghurt

ZUBEREITUNG

1. Die Würste grillen und die Hotdog-Brötchen auf dem Grill anrösten.
2. Den geräucherten Tofu fein hacken und in ein wenig Öl knusprig braten. Auf etwas Küchenpapier abtropfen lassen. Die Zwiebel und die Tomate fein hacken.
3. Den gebratenen Tofu, die Zwiebeln, die Tomaten, das Sauerkraut, das Gurken-Relish und den Joghurt auf die Würste geben.

4 PORTIONEN

GREEN DOG

4 vegane Würste
4 Hotdog-Brötchen

TOPPING

1 Zwiebel
100 g Champignons
1 grüne Paprikaschote
1 EL Olivenöl
1 Tomate
1 TL Oregano
1 TL Salz
schwarzer Pfeffer

ZUBEREITUNG

1. Die Würste grillen und die Hotdog-Brötchen auf dem Grill anrösten.
2. Die Zwiebel und die Champignons feinhacken, die Paprika in feine Streifen schneiden. Das Gemüse in Olivenöl braten, bis alles eine schöne Farbe hat und etwas weich geworden ist.
3. Die Tomate hacken und zusammen mit dem Oregano, dem Salz und etwas Pfeffer ebenfalls in die Pfanne geben. Etwa 2 Minuten mitbraten lassen.
4. Die Würste mit dem gebratenen Gemüse bedecken.

GF

Für die glutenfreie Variante glutenfreie Hotdog-Brötchen verwenden und darauf achten, dass die veganen Würste und der Räuchertofu glutenfrei sind.

GEGRILLTER BLUMENKOHL MIT TRÜFFEL-AIOLI

GF

Gegrillter Blumenkohl hat die vegane Welt schon vor einiger Zeit erobert und sich erfreulicherweise bis heute dort gehalten. Ich esse ihn gerne so, wie er ist, man kann ihn aber auch nach Belieben vorher in einer würzigen Marinade einlegen. Blumenkohl hat ein leichtes Trüffelaroma, wodurch die Trüffel-Aioli sich als Beilage natürlich anbietet.

4 PORTIONEN

GEGRILLTER BLUMENKOHL
2 Blumenkohlköpfe à 600 g
50 ml Olivenöl
Saft von 1 Zitrone
1 TL getrocknetes Basilikum
1 TL Salz
schwarzer Pfeffer

TRÜFFEL-AIOLI MIT GERÖSTETEM KNOBLAUCH
3 Knoblauchzehen
1 EL Olivenöl
80 g Mayonnaise, eifrei
2 TL Trüffelöl
½ TL Salz
schwarzer Pfeffer

GEGRILLTER BLUMENKOHL

1. Die Blumenkohlköpfe säubern und in dicke Scheiben schneiden.
2. Das Olivenöl, den Zitronensaft, das Basilikum, das Salz und etwas Pfeffer vermischen. Die Blumenkohlscheiben damit bestreichen und diese ca. 15 Minuten indirekt grillen, bis sie weich sind.

TRÜFFEL-AIOLI MIT GERÖSTETEM KNOBLAUCH

1. Die Knoblauchzehen in Olivenöl braten, bis sie überall Farbe bekommen haben. Den Knoblauch zerdrücken und mit der Mayonnaise, dem Trüffelöl, dem Salz und etwas schwarzem Pfeffer vermengen.
2. Die gegrillten Blumenkohlscheiben mit der Trüffel-Aioli servieren.

GEGRILLTER SPITZKOHL MIT DILL-VINAIGRETTE

GF

Kohl lässt sich hervorragend grillen. Diese Variante kann ganz nach Wunsch ein leichtes Mittagessen sein oder eine Beilage zu einem größeren Gericht.

4 PORTIONEN

2 Spitzkohlköpfe
Olivenöl zum Bestreichen

DILL-VINAIGRETTE
1 Schalotte
3 EL fein gehackter Dill
Saft von 1 Zitrone
½ EL Rotweinessig
100 ml Olivenöl
½ TL Dijonsenf
½ TL Salz
schwarzer Pfeffer

SPITZKOHL
Den Spitzkohl in Spalten schneiden, mit Olivenöl bestreichen und grillen, bis er Farbe bekommen hat und sich etwas öffnet. Den Kohl in den indirekten Bereich des Grills legen, wo die Hitze nicht so intensiv ist, damit er nicht verbrennt.

DILL-VINAIGRETTE
Die Schalotte fein hacken und mit dem Dill, dem Zitronensaft, dem Rotweinessig, dem Olivenöl, dem Dijonsenf, dem Salz und etwas Pfeffer in einer Schüssel verrühren. Über den gegrillten Spitzkohl träufeln.

POLENTA MIT CAPONATA

GF

Polenta passt hervorragend zu pikanten Beilagen, wie beispielsweise der sizilianischen Caponata. Ideal als Snack zu Drinks, aber auch als leichtes Mittagessen oder als Highlight auf dem Büffet.

4 PORTIONEN

POLENTA
1 Liter Wasser
200 g Polenta
4–5 mittelgroße Rosmarinzweige
50 g geriebener Käse, milchfrei
2 EL Olivenöl
1 TL Salz
schwarzer Pfeffer
Olivenöl zum Bestreichen

CAPONATA
1 Aubergine
2 EL Olivenöl
1 rote Zwiebel
2 Knoblauchzehen
1 rote Paprikaschote
2 Tomaten
75 g grüne Oliven
2 EL Kapern
2 EL Mandelblättchen
2 EL Zucker
1 TL getrockneter Oregano
2 EL Rotweinessig
1 TL Salz
schwarzer Pfeffer
2 EL fein gehackte Petersilie

POLENTA

1. Eine Form - ca. 30 x 20 cm - mit Backpapier auslegen. Das Wasser aufkochen und die Polenta einstreuen. Unter ständigem Umrühren ca. 20 Minuten köcheln lassen, bis sich eine dicke, cremige Masse gebildet hat.
2. Den Rosmarin abzupfen, fein hacken und zusammen mit dem Käse, dem Olivenöl, dem Salz und etwas schwarzem Pfeffer in die Polenta geben. In die Form füllen und die Oberfläche glattstreichen. Im Kühlschrank ganz abkühlen lassen.
3. Die Polenta in Scheiben schneiden und mit Olivenöl bestreichen. Auf den Grill legen, bis sie ein schönes Branding hat.

CAPONATA

1. Die Aubergine in Würfel schneiden und in Olivenöl braten, bis sie weich geworden ist und eine schöne Farbe bekommen hat.
2. Die Zwiebel, die Knoblauchzehen, die Paprika und die Tomaten fein hacken. Einige Minuten zusammen mit der Aubergine braten lassen.
3. Die Oliven halbieren und zusammen mit den Kapern, den Mandelblättchen, dem Zucker, dem Oregano, dem Rotweinessig, dem Salz und etwas Pfeffer in das Gemüse geben. Alles zugedeckt 10 Minuten bei niedriger Temperatur köcheln lassen. Die feingehackte Petersilie unterheben und alles in eine Schüssel geben. Im Kühlschrank vollständig abkühlen lassen. Die gegrillte Polenta mit der Caponata belegen und servieren.

ROTE-BETE-BURGER MIT WALNUSSCREME

Rote Bete macht die Burger nicht nur wunderschön, sondern auch sehr gehaltvoll und vor allem ausgesprochen lecker. Wussten Sie, dass Rote Bete und Walnüsse sich super verstehen? Sie passen wunderbar zusammen.

4 PORTIONEN

ROTE-BETE-BURGER
3 Rote Bete, ca. 400 g
1 Knoblauchzehe
50 g Haferflocken
Saft von ½ Zitrone
25 g Maisstärke
1 Dose weiße Bohnen, 400 g
Salz
schwarzer Pfeffer
Olivenöl zum Bestreichen

WALNUSSCREME
100 g Ajvar
100 g Walnüsse
1 Scheibe Weißbrot
2 EL Olivenöl
1 geriebene Knoblauchzehe
Saft von ½ Zitrone
1 TL geräuchertes Paprikapulver
½ TL Salz

ZUM SERVIEREN
4 Hamburger-Brötchen
Babyspinat, nach Belieben
1 rote Zwiebel, in Scheiben

ROTE-BETE-BURGER

1. Die Rote Bete auf einer Küchenreibe fein reiben und so viel Flüssigkeit wie möglich ausdrücken. Die Knoblauchzehe ebenfalls fein reiben. Die geriebene Rote Bete und den Knoblauch in eine Schüssel geben. Die Haferflocken, den Zitronensaft und die Maisstärke unterrühren.
2. Die Bohnen abgießen und unter fließendem Wasser abspülen. Abtropfen lassen. Die Bohnen mit einer Gabel zerdrücken und in die Schüssel geben. Mit Salz und Pfeffer würzen.
3. Die Masse zu Burgern formen, mit Olivenöl bestreichen und auf den Grill legen, bis sie ein schönes Branding haben.

WALNUSSCREME

Das Ajvar, die Walnüsse, das Brot, das Olivenöl, die Knoblauchzehe, den Zitronensaft, das Paprikapulver und das Salz in eine Küchenmaschine geben. Alles zu einer glatten Creme mixen.

Die Hamburger-Brötchen auf der Schnittseite leicht grillen und jede zweite Hälfte mit Burger, Walnusscreme, Babyspinat und Zwiebelscheiben belegen und mit der oberen Brötchen-Hälfte abschließen.

GF

Für die glutenfreie Variante glutenfreie Burger-Brötchen verwenden.

KOREANISCHE BBQ-TACOS

Ich bin besessen von dieser koreanischen Grillsauce. Sie ist scharf, aber nicht zu scharf, ungeheuer aromatisch und hat eine fantastische rote Farbe. Sie ist so lecker, dass ich sie manchmal in eine Flasche fülle und meinen Gästen als würzigen Ketchup zum Essen anbiete.

4 PORTIONEN

KOREANISCHE GRILLSAUCE
100 ml Gochujang
50 ml Ketchup
50 ml Sojasauce
2 EL Agavendicksaft
1 EL Weißweinessig
2 Knoblauchzehen
Salz
schwarzer Pfeffer

400 g Tofu,
Sojastücke oder ein
ähnliches Produkt

ZUM SERVIEREN
4 Tortillas
2 Frühlingszwiebeln
Guacamole, siehe Seite 88
eingelegte rote Zwiebeln, siehe Seite 56
1 EL schwarzer oder weißer Sesam
Limettenachtel

KOREANISCHE GRILLSAUCE

1. Gochujang, den Ketchup, die Sojasauce, den Agavendicksaft, den Weißweinessig, die zerdrückten Knoblauchzehen sowie Salz und Pfeffer in einer Schüssel verrühren. Den Tofu, bzw. die Sojastücke in die Sauce geben und mindestens 30 Minuten, nach Möglichkeit länger, marinieren.
2. Den Tofu, bzw. die Sojastücke auf einen Grillspieß stecken und grillen, bis sie eine schöne Farbe angenommen haben.
3. Auf einen Teller legen und mit der restlichen Grillsauce beträufeln.

Die Tortillas erwärmen. Die Frühlingszwiebeln in Streifen schneiden. Die Tortillas mit dem gegrillten veganen „Fleisch" füllen und die Frühlingszwiebeln, die Guacamole, die roten Zwiebeln und den Sesam darübergeben. Mit Limettenachteln servieren.

GOCHUJANG
Versuchen Sie mal, das dreimal hintereinander zu sagen. Gochujang ist eine südkoreanische Würzpaste mit Chili, die u.a. für das koreanische Gericht Bibimbap verwendet wird.

GF

Für die glutenfreie Variante glutenfreie Tortillas verwenden.

GEGRILLTE BEANDILLAS

Sie lassen sich so schnell grillen, dass es sogar auf dem einfachsten Einweggrill klappt. Aber schmecken sie auch? Na und ob! Ich habe sie schon so oft gegessen, dass ich mich eigentlich schon in Mattias Beandilla Kristiansson umbenennen wollte.

4 PORTIONEN

BEANDILLAS
2 Dosen weiße Bohnen à 400 g
½ Zucchini, ca. 150 g
1 rote Paprikaschote
1 rote Zwiebel
2 Knoblauchzehen
75 g Maiskörner
2 TL Kreuzkümmel
1 TL geräuchertes Paprikapulver
1 TL Salz

8 Tortillas
Olivenöl zum Bestreichen

ZUM SERVIEREN
Guacamole, siehe Seite 88
Limettenachtel

BEANDILLAS

1. Die Bohnen abgießen und unter fließendem Wasser abspülen. Abtropfen lassen und in einer Küchenmaschine zu einem glatten Püree mixen. In eine Schüssel geben.
2. Die Zucchini reiben und so viel Flüssigkeit wie möglich auspressen. Die Paprika, die Zwiebel und die Knoblauchzehen fein hacken. Die Zucchini, die Paprika, die Zwiebel, die Maiskörner, den Kreuzkümmel, das Paprikapulver und das Salz unter die Bohnenpaste rühren. Alles gut vermischen.
3. Vier Tortillas auf die Arbeitsfläche legen. Die Füllung darauf verteilen und verstreichen. Die übrigen vier Tortillas darauflegen und zusammendrücken. Mit Olivenöl bestreichen und grillen, bis sie schöne Brandings haben.
4. Mit der Guacamole und den Limettenachteln servieren.

GF

Für die glutenfreie Variante glutenfreie Tortillas verwenden.

ZUCCHINI-ROLLEN MIT CASHEWKÄSE

GF

Hübsch gerollte Zucchinischeiben, gefüllt mit Cashewkäse. Muss ich noch mehr sagen? Ich esse sie am liebsten mit einem bunten Salat oder leckeren Maisfrikadellen (siehe Seite 44).

4 PORTIONEN

2 Zucchini à 300 g
1 TL Salz
2 Portionen Cashewkäse, siehe Seite 98
2 EL fein gehackter frischer Rosmarin
Salz
schwarzer Pfeffer
Olivenöl zum Bestreichen

ZUCCINIROLLEN

1. Die Zucchini mit einem Gemüsehobel oder einem Käsehobel längs in dünne Scheiben schneiden. In eine Schüssel legen und mit dem Salz bestreuen. Gut vermischen und 20 Minuten stehen lassen, damit die Zucchinischeiben Wasser verlieren und sich leichter rollen lassen.
2. Den Cashewkäse mit dem fein gehackten Rosmarin mischen. Mit Salz und Pfeffer abschmecken.
3. Die Zucchinischeiben auf die Arbeitsfläche legen und mit Küchenpapier trocken tupfen. Dann 1–2 TL Cashewkäse auf das eine Ende jeder Zucchinischeibe geben und die Scheibe dann zusammenrollen. Die Rollen auf einen Grillspieß stecken und mit Olivenöl bestreichen.
4. Auf den Grill legen, bis sie ein schönes Branding haben.

INDISCHE SPIESSE MIT TAMARINDEN-CHUTNEY & REGENBOGENSALAT

Dieser Tofu ist lecker, ganz bestimmt, aber dieses Gericht verdient seinen Platz im Rampenlicht vor allem wegen des absolut fantastischen Tamarinden-Chutneys und des farbenfrohen Regenbogensalats.

4 PORTIONEN

INDISCHER TOFU
400 g Tofu
2 Knoblauchzehen
1 grüne Chilischote
1 EL geriebener frischer Ingwer
1 TL Kreuzkümmel
1 TL Fenchelsamen
1 TL gemahlener Koriander
½ TL Kurkuma
1 Prise gemahlener Zimt
1 TL Salz
schwarzer Pfeffer
50 ml Olivenöl

TAMARINDEN-CHUTNEY
10 Datteln
80 g Tamarindenpaste
100 ml Wasser
1 TL Kreuzkümmel
1 TL gemahlener Koriander
2 EL Chilipulver
½ TL Salz

REGENBOGENSALAT
2 Karotten
1 Rote Bete
1 Gelbe Bete
1 Granatapfel
150 g gehackter Weißkohl
50 g feingehackte frische Minze

ZUM SERVIEREN
Tortillas oder Naanbrot

GF

Für die glutenfreie Variante glutenfreies Brot verwenden.

INDISCHER TOFU

1. Den Tofu in Würfel schneiden und in einen Gefrierbeutel legen.
2. Die Knoblauchzehen pressen und die Chilischote fein hacken. Zusammen mit den übrigen Zutaten in eine Schüssel geben. Alles gut vermischen und dann in den Gefrierbeutel mit dem Tofu geben. Gut vermischen, so dass der Tofu völlig bedeckt ist und dann mindestens 30 Minuten marinieren lassen.
3. Den Tofu auf einen Grillspieß stecken und grillen, bis er knusprig ist und ein schönes Branding hat.

TAMARINDEN-CHUTNEY

1. Die Datteln entkernen und zusammen mit der Tamarindenpaste, dem Wasser, dem Kreuzkümmel, dem gemahlenen Koriander, dem Chilipulver und dem Salz in einen Topf geben. Aufkochen und 15 Minuten köcheln lassen, bis die Datteln richtig weich sind.
2. Alles zu einer glatten Sauce mixen.

REGENBOGENSALAT

1. Die Karotten und die rote und gelbe Bete mit einer Küchenreibe grob reiben oder mit einem Gemüsehobel in feine Streifen schneiden. In eine Schüssel legen.
2. Den Granatapfel halbieren und die Kerne auslösen. Das Wurzelgemüse mit dem gehackten Weißkohl, der feingehackten Minze und den Granatapfelkernen mischen.

Das Brot erwärmen und mit gegrilltem Tofu, Tamarinden-Chutney und Regenbogensalat füllen.

TAMARINDE?

Tamarinde sieht aus wie riesige Bohnen und hat ein klebriges, süßsaures Inneres, das ein wenig nach Ananas schmeckt. Ich mache es mir jedoch ganz einfach und verwende fertige Tamarindenpaste aus der Dose. Die hat übrigens ein großes Suchtpotential.

BANH-MI-BURGER MIT SRIRACHA-AIOLI

Als Bánh mì werden in der vietnamesischen Küche gefüllte Baguettes bezeichnet. Es gibt sie in verschiedenen Varianten, aber solange sie leckeren Tofu, eingelegtes Gemüse und Sriracha-Aioli enthalten, bin ich dabei. Wenn Sie kein Zitronengras finden, geht es auch ohne, es schmeckt trotzdem sehr lecker.

4 PORTIONEN

MARINIERTER TOFU
400 g Tofu
2 Stängel Zitronengras
1 Frühlingszwiebeln
1 Knoblauchzehe
Saft und Abrieb von 1 Limette
1 EL geriebener frischer Ingwer
2 EL Sojasauce
1 TL Zucker

EINGLEGTES GEMÜSE
1 Zwiebel
1 Gurke
1 Karotte
5 Radieschen
50 ml Reis- oder Weißweinessig
50 ml Wasser
2 EL Zucker
1 TL Salz

SRIRACHA-AIOLI
80 g Mayonnaise, eifrei
1 EL Sriracha-Sauce
Saft von ½ Limette
1 TL Sojasauce

ZUM SERVIEREN
4 kleine Baguettes
frische Bohnensprossen
frischer Koriander

GF

Für die glutenfreie Variante glutenfreie Baguettes verwenden.

MARINIERTER TOFU

1. Den Tofu in vier dicke Scheiben schneiden und in einen Gefrierbeutel legen.
2. Das Zitronengras mit einem Messergriff oder einem anderen harten Gegenstand aufdrücken. Dann in kleinere Stücke schneiden. Die Frühlingszwiebeln und die Knoblauchzehe in Scheiben schneiden. Anschließend alle Zutaten für die Marinade in einer Küchenmaschine zu einer glatten Creme mixen. Diese in die Tüte zum Tofu geben und alles gut vermischen. 30 Minuten marinieren, nach Möglichkeit länger.
3. Den Tofu auf den Grill legen und grillen, bis er knusprig ist und eine schöne Farbe bekommen hat.

EINGELEGTES GEMÜSE

1. Die Zwiebel, die Gurke, die Karotte und die Radieschen in feine Scheiben schneiden und in eine Schüssel legen.
2. Den Essig, das Wasser, den Zucker und das Salz aufkochen. Über das Gemüse gießen und abkühlen lassen.

SRIRACHA-AIOLI

Die Mayonnaise, die Sriracha-Sauce, den Limettensaft und die Sojasauce in einer Schüssel vermischen. Fertig!

Die kleinen Baguettes der Länge nach aufschneiden und leicht angrillen. Auf beiden Seiten mit Sriracha-Aioli bestreichen. Mit gegrilltem Tofu, eingelegtem Gemüse, frischen Bohnensprossen und Koriander füllen.

GF

STICKY BBQ-TOFU MIT GEGRILLTEM MAISSALAT

Manche Leute behaupten, Tofu habe eine langweilige Konsistenz. Das stimmt aber eigentlich nur, wenn er nicht richtig zubereitet wurde. In diesem Rezept bekommt er eine knusprige Kruste und einen herrlich klebrigen Überzug aus süßsaurer BBQ-Glaze. Das macht aus jedem Skeptiker einen Tofuliebhaber.

4 PORTIONEN

400 g Tofu

BBQ-SAUCE
200 ml Ketchup
50 ml Apfel- oder Weißweinessig
3 EL brauner Zucker
50 ml Agavendicksaft
1 TL Dijonsenf
2 TL vegetarische Worcestershiresauce (nach Belieben)
1 TL Salz

GEGRILLTER MAISSALAT
4 gekochte Maiskolben
1 rote Paprikaschote
1 grüne Paprikaschote
1 rote Zwiebel
1 Tomate
Saft von 2 Limetten
1 TL Salz

Den Tofu in Scheiben schneiden und auf einen Teller legen.

BBQ-SAUCE

1. Den Ketchup, den Essig, den braunen Zucker, den Agavendicksaft, den Dijonsenf, die Worcestershiresauce und das Salz in einem Topf vermischen. 5 Minuten köcheln lassen, bis die Sauce etwas dicklich geworden ist.
2. Die Hälfte der Sauce über den Tofu geben, den Tofu dabei einmal wenden, sodass er von allen Seiten bedeckt ist. Mindestens 30 Minuten marinieren lassen, möglichst länger. Die restliche Sauce in eine Schale geben und in den Kühlschrank stellen.
3. Den marinierten Tofu grillen, bis er eine schöne Farbe bekommen hat. Zurück auf den Teller legen und mit der restlichen Sauce bestreichen.

GEGRILLTER MAISSALAT

1. Die Maiskolben grillen, bis sie eine schöne Farbe angenommen haben. Ab und zu umdrehen.
2. Die Kolben vom Grill nehmen, die Maiskörner mit einem scharfen Messer vom Kolben schneiden und in eine Schüssel geben.
3. Die Paprika, die Zwiebeln und die Tomaten fein hacken. Zusammen mit dem Limettensaft und dem Salz unter die Maiskörner geben.

Den BBQ-Tofu zusammen mit dem Maissalat und einem guten Brot servieren.

GF

VEGANES „FLEISCH" MIT CHIMICHURRI & BOHNENSALAT

Es ist toll, dass die südamerikanische Sauce Chimichurri im kühlen Europa so beliebt geworden ist. Sie ist fantastisch – als Marinade und als Beilage. An frischen Kräuter können Sie alles verwenden, was Sie ohnehin schon zuhause haben oder was Ihnen schmeckt.

4 PORTIONEN

CHIMICHURRI
1 Bund frische Petersilie
1 Topf frischer Oregano
2 geriebene Knoblauchzehen
100 ml Olivenöl
50 ml Rotweinessig
1 TL Zucker
1 frische rote Chilischote
½ rote Zwiebel
½ TL Salz
schwarzer Pfeffer

ZUM GRILLEN
400 g beliebiges veganes „Fleisch" oder fester Tofu
8 Cocktailtomaten
8 Pimientos de Padrón

BOHNENSALAT
1 Dose Schwarzaugenbohnen à 400 g
1 Dose schwarze Bohnen à 400 g
1 rote Zwiebel
1 grüne Paprikaschote
1 Tomate
½ Kopfsalat
2 EL fein gehackte Petersilie
2 EL Olivenöl
Saft von 1 Zitrone
1 TL getrockneter Oregano
½ TL Salz

PIMIENTOS DE PADRON
Für dieses Rezept sollte man nicht irgendwelche kleinen grünen Paprikaschoten verwenden, es sollten schon Pimientos de Padrón sein. Sie werden schnell weich und ihre Haut platzt beim Grillen schön auf.

CHIMICHURRI
1. Die Petersilie, den Oregano und die geriebenen Knoblauchzehen in einer Küchenmaschine zerkleinern. Dabei das Olivenöl und den Rotweinessig tropfenweise hinzugeben. Den Zucker ebenfalls unter die Masse geben und alles in eine Schüssel füllen.
2. Die Chili und die Zwiebel feinhacken und in die Sauce geben. Mit Salz und Pfeffer abschmecken.

ZUM GRILLEN
1. Das vegane „Fleisch" in einen Gefrierbeutel legen. Wird Tofu verwendet, diesen erst in Würfel schneiden. Die Cocktailtomaten und die Pimientos de Padrón hinzufügen.
2. Die Hälfte der Chimichurri-Sauce ebenfalls in den Gefrierbeutel geben und alles gut mischen. Mindestens 30 Minuten marinieren lassen – je länger, desto besser.
3. Das vegane „Fleisch" oder den Tofu, die Tomaten und die Pimientos de Padrón auf Grillspieße stecken und grillen, bis alles eine schöne Farbe bekommen hat und die Haut der Pimientos leicht aufgesprungen ist.

BOHNENSALAT
1. Die Bohnen abgießen und unter fließendem Wasser abspülen, abtropfen lassen und in eine Schüssel geben.
2. Die Zwiebeln, die Paprika, die Tomaten und den Salat klein schneiden. Mit den restlichen Zutaten vermischen.

Die Grillspieße mit der restlichen Chimichurri-Sauce und dem Bohnensalat servieren.

GF

MAISFRIKADELLEN

Maiskolben auf den Grill legen kann jeder. Aber vielleicht möchten Sie Ihr Grillrepertoire ja um diese herrlichen Maisfrikadellen erweitern? Richtig lecker sind sie zusammen mit Chimichurri-Sauce (siehe Seite 42) oder Guacamole (siehe Seite 88).

4 PORTIONEN

1 Dose Maiskörner à 500 g
1 Dose weiße Bohnen à 400 g
1 rote Zwiebel
1 Knoblauchzehe
1 rote Paprikaschote
50 g fein gehackter Koriander
Saft von 1 Limette
200 g Maismehl
3 EL Maisstärke
1 TL Paprikapulver
1 TL Salz
schwarzer Pfeffer
Olivenöl zum Bestreichen

ZUBEREITUNG

1. Das Wasser vom Mais abgießen und die Maiskörner auf einem Küchenhandtuch ausbreiten. Das Handtuch zusammenrollen und so viel Flüssigkeit wie möglich ausdrücken.
2. Die Bohnen abgießen und unter fließendem Wasser abspülen. Abtropfen lassen.
3. Die Maiskörner und die Bohnen in einer Küchenmaschine zu einer homogenen Masse mixen.
4. Die Zwiebel, die Knoblauchzehe und die Paprika fein hacken. Zusammen mit dem Koriander, dem Limettensaft, dem Maismehl, der Maisstärke, dem Paprikapulver, dem Salz und Pfeffer unter die Masse geben.
5. Vier Frikadellen formen und mit Olivenöl bestreichen. So lange grillen, bis sie eine knusprige Oberfläche und ein schönes Branding haben.

DALLAS-BURGER

Als meine Schwester Lina und ich klein waren, sind wir oft in eine Fleischerei in der Nähe unseres Hauses gegangen, um die dort hergestellten Burger zu erstehen. Die waren einfach lecker. Hier kommt eine vegane Version, die mindestens genauso schmackhaft ist.

4 PORTIONEN

DALLAS-BURGER
100 g Walnüsse
25 g Haferflocken
2 Dosen schwarze Bohnen à 400 g
1 Zwiebel
1 Knoblauchzehe
2 EL Maisstärke
1 EL Sojasauce
2 TL Paprikapulver
1 TL getrockneter Oregano
1 TL getrockneter Koriander
1 TL Senfpulver
1 TL Kreuzkümmel
1 TL Salz
schwarzer Pfeffer
Olivenöl zum Bestreichen

DALLAS-SALAT
200 g Weißkohl
1 Karotte
1 säuerlicher grüner Apfel
1 rote Zwiebel
75 g gehackte Ananas
100 g Mayonnaise, eifrei
Salz
schwarzer Pfeffer

ZUM SERVIEREN
4 Hamburger-Brötchen
Salzgurke in Scheiben
geröstete Zwiebeln

DALLAS-BURGER
1. Die Walnüsse und die Haferflocken in einer Küchenmaschine fein mixen.
2 Die Bohnen abgießen und unter fließendem Wasser abspülen. Abtropfen lassen und ebenfalls in die Küchenmaschine geben. Alles zu einem glatten Püree verarbeiten und in eine Schüssel geben.
3. Die Zwiebel und die Knoblauchzehe fein hacken und zusammen mit den restlichen Zutaten in die Bohnenmasse geben.
4. Frikadellen formen und mit Olivenöl bestreichen. Auf den Grill legen, bis sie eine schöne Oberfläche haben.

DALLAS-SALAT
1. Den Weißkohl in dünne Streifen schneiden und die Karotten auf einer Küchenreibe grob reiben.
2 Den Apfel und die Zwiebel fein hacken.
3. Alle Zutaten in einer Schüssel vermengen.

Die Hamburger-Brötchen leicht grillen. Mit den frisch gegrillten Frikadellen, dem Dallas-Salat, den Salzgurkenscheiben und den gerösteten Zwiebeln füllen.

GF

Für die glutenfreie Variante glutenfreies Brot verwenden.

RAUCHIGER PORTOBELLO-BURGER MIT KARAMELLISIERTEN ZWIEBELN

Der Portobello-Burger ist ein richtiger veganer Klassiker, was ja auch durchaus zu verstehen ist. Der „fleischige" Riesenpilz mit Namen Portobello passt hervorragend zu rauchigen Aromen. Auch die karamellisierten Zwiebeln dürfen auf keinem Grillfest fehlen. Superlecker!

4 PORTIONEN

4 Riesenchampignons (Portobello), die Stiele herausgedreht

RAUCHIGE MARINADE

100 ml Ketchup
1 TL Chipotlepaste
2 EL brauner Zucker
1 EL Weißweinessig
2 TL geräuchertes Paprikapulver
½ TL Cayennepfeffer
1 TL Salz

KARAMELLISIERTE ZWIEBELN

3 Zwiebeln
2 EL Rapsöl
2 TL heller Muscovado-Zucker
1 ½ Dosen helles Bier oder Wasser

ZUM SERVIEREN

4 Hamburger-Brötchen
einige Salatblätter
einige Tomatenscheiben
1 rote Zwiebel in Scheiben

GF

Für die glutenfreie Variante glutenfreies Brot verwenden.

RAUCHIGE MARINADE

1. Alle Zutaten für die Marinade in einer Schüssel vermischen. Etwa die Hälfte davon über die Pilze geben, vorsichtig umrühren, damit sie ganz bedeckt sind. Mindestens 30 Minuten marinieren lassen.
2. Die Pilze grillen, bis sie schöne Streifen bekommen haben.

KARAMELLISIERTE ZWIEBELN

1. Die Zwiebeln in Scheiben schneiden und bei mittlerer Temperatur in dem Öl braten, bis sie weich sind und Farbe bekommen. Das dauert etwa 15 Minuten.
2. Mit dem Zucker bestreuen und 1 Minute weiter schmoren lassen. Mit Bier oder Wasser begießen und alles einkochen lassen. Wenn die Zwiebeln ganz weich sind, sind sie fertig.

Die Hamburger-Brötchen leicht grillen, mit je einem Pilzhut füllen und mit der restlichen Marinade beträufeln. Salat, Tomaten, rote Zwiebeln und die karamellisierte Zwiebeln darauf verteilen.

FALAFEL-FRIKADELLEN MIT KARTOFFEL-SALAT

GF

Kein veganes Kochbuch ohne Falafel, denn es gibt kaum jemanden, der sie nicht mag. Aber in diesem Rezept spielt der Kartoffelsalat die Hauptrolle. Ich esse ihn das ganze Jahr über, vielleicht sogar etwas zu oft. Aber am besten schmeckt er an einem heißen Sommertag. Die Tahini-Paste, eine Paste aus feingemahlenen Sesamkörnern, die Sie für dieses Rezept brauchen, können Sie entweder kaufen oder selbst herstellen (siehe Seite 63).

4 PORTIONEN

FALAFEL-FRIKADELLEN

1 Dose weiße Bohnen à 400 g
1 Dose Kichererbsen à 400 g
2 EL Tahini-Paste
1 EL Olivenöl
2 EL Maisstärke
1 Zwiebel
2 Knoblauchzehen
4 EL fein gehackte Petersilie
1 TL Kreuzkümmel
1 TL gemahlener Koriander
1 TL Salz
schwarzer Pfeffer
Olivenöl zum Bestreichen

KARTOFFELSALAT

800 g gekochte Kartoffeln
150 g gehackter Rotkohl
1 rote Zwiebel
1 Tomate
½ Gurke
2 EL fein gehackte Petersilie
4 EL Tahini-Paste
100 ml Sojajoghurt
Saft von 1 Zitrone
1 TL Salz
schwarzer Pfeffer

FALAFELFRIKADELLEN

1. Die Bohnen und die Kichererbsen abgießen. Unter fließendem Wasser abspülen und abtropfen lassen. Zusammen mit der Tahini-Paste, dem Olivenöl und der Maisstärke in eine Küchenmaschine geben. Zu einer feinen Masse verarbeiten und alles in eine Schüssel geben.
2. Die Zwiebeln und die Knoblauchzehen fein hacken. Zusammen mit der Petersilie und den restlichen Gewürzen unter die Bohnenmasse heben.
3. Zu Frikadellen formen und mit Olivenöl bestreichen. Auf den Grill legen, bis sie schöne Brandings haben.

KARTOFFELSALAT

1. Die Kartoffeln in kleinere Stücke schneiden und zusammen mit dem gehackten Rotkohl in eine Schüssel geben.
2. Die Zwiebel, die Tomate und die Gurke hacken und zusammen mit der Petersilie dazugeben.
3. Die übrigen Zutaten in einer separaten Schüssel vermischen und dann unter den Kartoffelsalat heben.

BEILAGEN

EINGELEGTE ROTE ZWIEBELN

GF

Diese roten Zwiebeln werden nicht, wie sonst üblich, kurz in Essig und Zucker eingelegt – was natürlich auch lecker schmeckt. Bei dieser Variante werden die Zwiebeln in Wasser und Salz eingelegt und ein paar Wochen später ... BOOM! Jetzt haben Sie eine Beilage, die Sie im Prinzip zu allem essen können.

1 kg rote Zwiebeln
750 ml Wasser
2 TL Salz

ZUBEREITUNG

1. Die Zwiebeln in feine Scheiben schneiden und auf zwei gründlich gereinigte Einmachgläser verteilen.
2. Das Salz im Wasser auflösen und über die Zwiebeln geben, so dass diese bedeckt sind. Die Gläser mit Deckeln verschließen und bei Zimmertemperatur 10 Tage lang stehen lassen.
3. Die eingelegten Zwiebeln anschließend im Kühlschrank aufbewahren.

COUSCOUS-BOMBE

Jeder mag doch Überraschungen. Unter dieser auf den ersten Blick recht unspektakulären Portion Couscous versteckt sich eine farbenfrohe Mischung aus verschiedenen gehackten Gemüsen.

COUSCOUS
400 ml Wasser
400 ml Couscous
1 rote Zwiebel
½ Gurke
1 gelbe Paprikaschote
1 Bund frische Petersilie
1 TL Salz
schwarzer Pfeffer

GEMÜSEFÜLLUNG
2 Tomaten
½ rote Zwiebel
150 g Zuckerschoten
1 Handvoll Babyspinat
Saft von 2 Zitronen
1 TL Salz
schwarzer Pfeffer

COUSCOUS

1. Das Wasser aufkochen. Den Topf vom Herd nehmen und den Couscous hineinrühren. Zugedeckt 10 Minuten ruhen lassen.
2. Die Zwiebel, die Gurke, die Paprika und die Petersilie fein hacken, mit dem Couscous vermengen und mit dem Salz und etwas Pfeffer abschmecken.
3. Die Innenseite einer Schüssel mit Frischhaltefolie auslegen. Die Couscousmischung in die Schüssel geben und an die Seiten der Schüssel drücken, so dass in der Mitte ein Hohlraum entsteht.

GEMÜSEFÜLLUNG

1. Die Tomaten, die Zwiebel, die Zuckerschoten und den Babyspinat fein hacken. Mit dem Zitronensaft, dem Salz und etwas Pfeffer abschmecken.
2. Die Gemüsemischung in die Couscousschüssel geben. Die gesamte Schüssel mit Frischhaltefolie umhüllen und in den Kühlschrank stellen.
3. Die Folie entfernen und den Couscous zum Servieren auf einen Teller stürzen.

GF

Für die glutenfreie Variante gekochte Hirse statt Couscous verwenden.

MANGO-COLESLAW

GF

Ich liebe den klassischen, in Mayonnaise getränkten amerikanischen Coleslaw. Manchmal wünsche ich mir jedoch eine frischere und etwas leichtere Variante. Dann greife ich immer wieder auf dieses Rezept zurück.

1 Karotte
1 Mango
1 rote Zwiebel
250 g Rotkohl, in feine Streifen geschnitten
Saft von 1 Limette
1 TL Rotweinessig
1 EL Olivenöl
3 EL fein gehackter frischer Koriander
1 TL Salz

ZUBEREITUNG

1. Die Karotte in feine Streifen schneiden oder grob raspeln.
2. Die Mango ebenfalls in Streifen schneiden und die Zwiebel fein hacken.
3. Alle Zutaten vermengen.
4. Vor dem Servieren 10 Minuten ziehen lassen.

GEGRILLTE AUBERGINE MIT TAHINI

GF

Wenn ich höre, dass Leute verschiedene Sachen „lieben", frage ich mich immer, ob sie wirklich etwas so sehr lieben können, wie ich Tahini und gegrillte Auberginen. Man kann natürlich auch fertige Tahini-Paste kaufen, aber selbstgemachte schmeckt immer besser.

TAHINI-PASTE
100 g geschälte Sesamkörner
200 ml Rapsöl
1 Knoblauchzehe
Saft von 1 Zitrone
1 Prise Salz

GEGRILLTE AUBERGINE
1 Aubergine
2 EL Olivenöl oder eine der Marinaden von Seite 92
2 EL geröstete Pinienkerne zum Servieren

TAHINI-PASTE

Für die Tahini-Paste alle Zutaten in eine Küchenmaschine geben. 3 Minuten, eventuell auch länger zu einer gleichmäßigen Paste mixen.

GEGRILLTE AUBERGINE

1. Die Aubergine in Scheiben schneiden und entweder marinieren oder mit Olivenöl bestreichen. Mit Salz und Pfeffer würzen.
2. Auf den Grill legen, bis die Scheiben schöne Brandings bekommen haben.

Die Auberginenscheiben auf einen Teller legen und die Tahini-Paste darüber geben. Die Pinienkerne darüber streuen und servieren.

GEGRILLTER SPARGEL MIT FENCHEL-APFELSAUCE

GF

Ich war noch nie ein großer Fan von gekochtem Spargel. Er wird leicht weich und langweilig. Gegrillt schmeckt er ganz anders. Fenchel und Apfel vertragen sich beide gut mit Spargel – und gute Freunde sollte man bekanntlich nicht trennen.

GEGRILLTER SPARGEL
1 Bund grüner Spargel
1 EL Olivenöl
Salz

FENCHEL-APFELSAUCE
1 Fenchelknolle
1 Apfel
1 Zwiebel
1 EL Olivenöl
50 ml Weißwein
Saft von 1 Zitrone
½ TL Dijonsenf
½ EL Maisstärke
200 ml Sahne, auf Hafer- oder Sojabasis
1 TL Salz

GEGRILLTER SPARGEL

1. Die holzigen Teile des Spargels abschneiden.
2. Den Spargel mit dem Olivenöl bestreichen und auf den Grill legen. Er soll weich werden, aber trotzdem bissfest bleiben.
3. Mit Salz abschmecken und auf einen Servierteller legen.

FENCHEL-APFELSAUCE

1. Den Fenchel, den Apfel und die Zwiebel fein hacken. In Olivenöl anschwitzen, bis die Mischung weich ist.
2. Den Wein und den Zitronensaft dazugeben und alles einkochen lassen. Anschließend den Dijonsenf und die Maisstärke dazugeben und umrühren.
3. Die Sahne hineingeben und vermengen. Unter ständigem Rühren köcheln lassen, bis die Sauce dick wird. Mit dem Salz abschmecken. Die Sauce mit dem Löffel über den Spargel geben und servieren.

BUNS FÜR HAMBURGER UND HOTDOGS

Ich kaufe manchmal auch fertige Hamburger- und Hotdog-Buns, aber nichts ist besser als die selbstgemachten. Füllen Sie also Ihren Gefrierschrank mit diesen Leckerbissen, so dass Sie sie den ganzen Sommer über genießen können.

10 BUNS

25 g frische Hefe
250 ml Milch, auf Soja- oder Haferbasis
50 ml Agavendicksaft
2 EL Rapsöl
1 TL Salz
420 g Weizenmehl
Wasser und Sesam, nach Belieben
Soja- oder Hafermilch zum Bestreichen

ZUBEREITUNG

1. Die Hefe in der Milch auflösen. Mit dem Agavendicksaft und dem Rapsöl vermengen.
2. Das Salz und das Mehl nacheinander dazugeben und den Teig 10 Minuten lang kneten. Das geht am besten mit einer Küchenmaschine. Wenn der Teig sich von den Rändern löst, ist er fertig. Ist der Teig zu klebrig, kann noch etwas Mehl hinzugegeben werden.
3. Die Schüssel mit Frischhaltefolie abdecken und den Teig 45 Minuten gehen lassen.
4. Den Teig auf eine bemehlte Arbeitsfläche legen, in 10 Stücke teilen und diese zu runden Hamburger- oder länglichen Hotdog-Buns formen. Auf ein mit Backpapier ausgelegtes Blech legen. Wenn gewünscht, die Buns mit Wasser bestreichen und in Sesam wenden.
5. Das Blech mit einem Küchenhandtuch abdecken und die Brötchen 1 Stunde gehen lassen.
6. Den Backofen auf 225 °C vorheizen. Die Brötchen mit Soja- oder Hafermilch bestreichen (jedoch nicht, wenn sie vorher in Sesam gewendet wurden) und ca. 8 Minuten backen.
7. Aus dem Ofen nehmen und abkühlen lassen.

SALAT MIT GEGRILLTEN PFIRSICHEN & CASHEWKÄSE

GF

Gegrillte Früchte sind nicht nur ein leckerer Nachtisch, sie machen auch einen langweiligen Salat etwas spannender. Wenn Sie keine Pfirsiche mögen, können Sie auch Aprikosen oder Pflaumen verwenden.

GEGRILLTE FRÜCHTE

1 Schale Kresse
250 g Cocktailtomaten in verschiedenen Farben
2 Avocados
2 Pfirsiche
2 EL Olivenöl
½ Bund frisches Basilikum
Balsamicoessig
Salz
schwarzer Pfeffer

1 Stück Cashewkäse (siehe Seite 98, mit feingehacktem Schnittlauch anstatt Rosmarin)

1 Tüte Babyspinat

ZUBEREITUNG

1. Den Babyspinat auf einem Servierteller ausbreiten und die Kresse darüber geben.
2. Die Tomaten halbieren und über dem Salat verteilen. Die Avocados ebenfalls halbieren, die Kerne entfernen, das Fleisch herauslösen und in Spalten schneiden.
3. Die Pfirsiche halbieren, die Steine entfernen und die Pfirsiche ebenfalls in Spalten schneiden.
4. Die Avocado- und Pfirsichspalten mit Olivenöl bestreichen und auf den Grill legen, bis sie ein schönes Branding haben. Die gegrillten Spalten und den Cashewkäse über dem Salat verteilen.
5. Mit dem Basilikum bestreuen und den Balsamicoessig darübergeben. Mit Salz und Pfeffer abschmecken.

FAST KLASSISCHER KARTOFFELSALAT

GF

Ich mag den klassischen Kartoffelsalat und mein Lieblingsgewürz im Sommer ist zweifellos Dill. Beides zusammen ergibt einen Kartoffelsalat, den Sie genauso lieben werden wie ich.

4 PORTIONEN

1 kg neue Kartoffeln
Salz
150 g Zuckerschoten
1 grüner Apfel
1 rote Zwiebel
3 EL fein gehackter Dill

DRESSING
150 ml Olivenöl
2 EL Rotweinessig
2 EL Dijonsenf
2 EL Kapern
1 EL Zucker
Salz
schwarzer Pfeffer

KARTOFFELSALAT
1. Die Kartoffeln säubern und in leicht gesalzenem Wasser weichkochen. Mit kaltem Wasser abspülen, so dass sie abkühlen. Abpellen, in kleinere Stücke schneiden und diese in eine Schüssel geben.
2. Die Zuckerschoten in feine Streifen und die Äpfel in Würfel schneiden. Die Zwiebel fein hacken. Die Zuckerschoten, die Äpfel, die Zwiebel und den Dill ebenfalls in die Schüssel geben.

DRESSING
Alle Zutaten für das Dressing miteinander verrühren und unter den Salat heben.

NUDELSALAT MIT SPINATPESTO & GEGRILLTEM GEMÜSE

Pasta mit Pesto ist vielleicht ein ziemlich alltägliches Gericht, aber nicht, wenn man das Rezept ein bisschen aufpeppt. Hier trifft Basilikum auf frischen Spinat und anstatt der üblichen Pinienkerne habe ich Sonnenblumenkerne verwendet.

4 PORTIONEN

400 g Nudeln, z. B. Penne oder Spirelli

SPINATPESTO
200 g frischer Spinat
1 Bund frisches Basilikum
2 Knoblauchzehen
100 g geröstete Sonnenblumenkerne
Saft von 1 Zitrone
2 TL Agavendicksaft
100 ml Rapsöl
1 TL Salz
schwarzer Pfeffer

GEGRILLTES GEMÜSE
200 g Champignons
200 g Cocktailtomaten
1 rote Paprikaschote
1 grüne Paprikaschote
1 Aubergine
2 EL Olivenöl

Die Nudeln nach Packungsanweisung kochen. Unter kaltem Wasser abspülen.

SPINATPESTO

1. Den Spinat, das Basilikum, die geriebenen Knoblauchzehen, die gerösteten Sonnenblumenkerne, den Zitronensaft und den Agavendicksaft in einer Küchenmaschine pürieren. Während die Küchenmaschine läuft, das Rapsöl in einem dünnen Strahl zu der Mischung gießen. Sie können auch einen Stabmixer verwenden. Falls das Pesto zu dickflüssig erscheint, geben Sie ein paar Esslöffel Wasser dazu.
2. Mit dem Salz und etwas Pfeffer abschmecken.

GEGRILLTES GEMÜSE

1. Die Champignons und die Tomaten auf einen Grillspieß stecken.
2. Die Paprika und die Aubergine in Stücke schneiden und ebenfalls auf einen Grillspieß stecken. Mit Olivenöl bestreichen. Auf den Grill legen, bis das Gemüse weich geworden ist und ein schönes Branding hat.

Die Nudeln mit dem Spinatpesto und dem gegrillten Gemüse vermischen.

GF

Für die glutenfreie Variante glutenfreie Nudeln verwenden.

SAUCEN, DIPS & MARINADEN

HEIDELBEER-SALSA GF

Wenn wir nun schon mal die besten Heidelbeeren der Welt haben, müssen wir sie auch nutzen. Und wer hätte gedacht, dass sie sich so gut mit mexikanischen Aromen verstehen.

FÜR 300 ML SALSA

200 g Heidelbeeren
1 Jalapeño
1 rote Paprika
1 rote Zwiebel
Saft und Abrieb von 1 Limette
1 EL fein gehackter Koriander
1 Prise Salz

ZUBEREITUNG

1. Ein Drittel der Blaubeeren in einer Schüssel zerdrücken. Den Rest in ganzen Stücken dazugeben.
2. Die Jalapeño, die Paprika und die Zwiebel fein hacken. Mit den Heidelbeeren und der geriebenen Limettenschale, dem Limettensaft, dem Koriander und dem Salz vermengen.

MANGO-RAJA

GF

Diese Sauce ist mir seit einem Sommer im Schärengarten vor zehn Jahren nicht mehr aus dem Kopf gegangen. Ich könnte sie einfach so weglöffeln, wenn keiner zusieht, aber ich esse sie nicht nur einfach so, sondern auch zu allem dazu.

FÜR 300 ML RAJA

100 g Mayonnaise, eifrei
150 g Sojajoghurt
3 EL Mango-Chutney
1 EL Curry
2 TL Agavendicksaft
1 geriebene Knoblauchzehe
Salz
schwarzer Pfeffer

ZUBEREITUNG

Sämtliche Zutaten in einer Schüssel vermischen. Fertig!

BOHNENPASTE MIT BASILIKUM

GF

Einfacher geht es nicht, schneller geht es nicht. Dieser Dip schmeckt nicht nur zu Gegrilltem, sondern ist auch super lecker auf Knoblauchbrot oder als Aufstrich.

FÜR 300 ML PASTE

1 Dose weiße Bohnen à 400 g
1 geriebene Knoblauchzehe
½ Bund frisches Basilikum
1 EL Zitronensaft
2 EL Tahini-Paste (siehe Seite 63)
2 EL Olivenöl
1 TL Salz
schwarzer Pfeffer

ZUBEREITUNG

1. Die Bohnen abgießen, unter fließendem Wasser abspülen und abtropfen lassen.
2. Die Bohnen zusammen mit den restlichen Zutaten in eine Schüssel geben. Mit einem Stabmixer mixen. Alternativ in der Küchenmaschine zubereiten.

SELBSTGEMACHTER KETCHUP GF

Ich bin süchtig nach Ketchup und esse ihn zu allem, außer vielleicht zu Pfannkuchen und Eis. Diese selbstgemachte Variante schmeckt so gut, dass Sie nie wieder zu gekauftem Ketchup greifen werden.

FÜR 700 ML KETCHUP

1 kg Tomaten
1 Stange Sellerie
1 Zwiebel
2 Knoblauchzehen
1 rote Chilischote
1 EL Olivenöl
3 EL brauner Zucker
50 ml Weißweinessig
2 Lorbeerblätter
½ Bund frisches Basilikum
1 TL Salz
schwarzer Pfeffer

ZUBEREITUNG

1. Die Tomaten, den Stangensellerie und die Zwiebel grob hacken. Die Knoblauchzehen und die Chilischote fein hacken. Alles in einem großen Topf in Olivenöl anschwitzen.
2. Die restlichen Zutaten dazugeben und 15 Minuten köcheln lassen. Die Tomaten sollten zerkocht und die meiste Flüssigkeit verdampft sein. Ab und zu umrühren.
3. Die Lorbeerblätter herausnehmen und den Ketchup mit einem Stabmixer oder in der Küchenmaschine zu einer gleichmäßigen Masse verarbeiten. Den Ketchup zurück in den Topf geben. Mit Salz und Pfeffer abschmecken. Wenn ein dickflüssigerer Ketchup mit einem intensiveren Geschmack gewünscht wird, einige Minuten weiter köcheln lassen.
4. In eine saubere Flasche füllen. Im Kühlschrank aufbewahren (ca. 3 Wochen haltbar).

GF

SAFRAN-SAUCE

Es ist schon witzig, dass man Safran in Südeuropa mit dem Sommer und in Schweden mit dem Winter verbindet. Letzteres können wir mit diesem tollen Sommerrezept für eine Safransauce ändern!

FÜR 200 ML SAUCE

200 g Sojajoghurt
0,25 g Safran
1 TL Agavendicksaft
Abrieb von 1 Orange
1 EL Orangensaft
1 geriebene Knoblauchzehe
½ rote Chilischote
1 Prise Salz
schwarzer Pfeffer

ZUBEREITUNG

Alle Zutaten in einer Schüssel verrühren und vor dem Servieren 10 Minuten durchziehen lassen.

GERÖSTETE PAPRIKASAUCE

GF

Für diese Sauce benötigt man geröstete Paprika. Sie sind etwas kompliziert zuzubereiten, aber am Ende ist es das wert. Es gibt zwar auch geröstete Paprika im Glas zu kaufen, man kann sie aber nicht mit den selbstgemachten vergleichen.

FÜR 300 ML SAUCE

3 rote Paprikaschoten
1 EL Olivenöl
1 Zwiebel
300 ml Kokosmilch
2 EL Tomatenpüree
2 TL Curry
1 TL Kreuzkümmel
1 TL Salz

ZUBEREITUNG

1. Den Backofen auf 250 °C vorheizen.
2. Die Paprikaschoten halbieren und die Kerngehäuse entfernen. Mit der Schnittseite nach unten auf ein mit Backpapier ausgelegtes Backblech legen und mit dem Olivenöl bestreichen.
3. 10 Minuten im Ofen rösten, bis die Schale schwarz wird. Die Paprikaschoten herausnehmen und in eine Glasschüssel legen. Die Schüssel mit Frischhaltefolie abdecken und 10 Minuten stehen lassen, bis die Paprika abgekühlt ist. Wenn die Paprikaschoten lauwarm sind, die Schale abziehen.
4. Die Zwiebel fein hacken und in etwas Olivenöl anschwitzen, bis sie weich und glasig geworden ist. Die Paprika, die gehackten Zwiebeln und die restlichen Zutaten dazugeben und mit einem Stabmixer zu einer gleichmäßigen Sauce mixen.

GF

GUACAMOLE

Guacamole muss ich Ihnen sicherlich nicht vorstellen. Ein Dip, von dem wir nie genug kriegen und den man unendlich variieren kann.

FÜR 200 ML

2 reife Avocados
1 Tomate
½ Jalapeño, nach Belieben
½ Zwiebel
1 Knoblauchzehe
Saft von 1 Limette
½ TL Kreuzkümmel
1 Prise Salz
1 EL fein gehackter Koriander

ZUBEREITUNG

1. Die Avocados halbieren und die Kerne entfernen. Das Fruchtfleisch herauslösen, in eine Schüssel geben und mit einer Gabel zerdrücken.
2. Die Tomate, die Jalapeño, die Zwiebel und die Knoblauchzehe fein hacken und mit der zerdrückten Avocado, dem Limettensaft, dem Kreuzkümmel, dem Salz und dem fein gehackten Koriander verrühren.

VIER LECKERE

HARISSA-MARINADE

Harissa ist eine Chilipaste aus Nordafrika, die man in den meisten Lebensmittelgeschäften findet. Sie ist sehr scharf, aber super lecker. Eine Marinade, die sich sowohl für Tofu als auch für veganes „Fleisch" und Gemüse eignet.

2 Knoblauchzehen
3 EL Sojasauce
2 EL Olivenöl
2 EL brauner Zucker
1 EL Harissa
1 TL getrockneter Thymian
1 TL Salz
schwarzer Pfeffer

Die Knoblauchzehen in eine Schüssel pressen und mit den übrigen Zutaten verrühren. Fertig!

SESAM-KNOBLAUCH-MARINADE

Ich kriege nie genug von Sesam-Geschmack. In diesem Rezept gehen der Sesam und das Sesamöl eine Liaison ein, die süchtig macht. Diese Marinade schmeckt zu Gemüsen wie Aubergine und Zucchini.

50 ml Olivenöl
1 EL Sesamöl
50 ml Sojasauce
2 EL Agavendicksaft
2 Knoblauchzehen
1 EL geriebener frischer Ingwer
Saft von 1 Limette
2 EL gerösteter weißer Sesam

1. Das Olivenöl, das Sesamöl, die Sojasauce und den Agavendicksaft in einer Schüssel verrühren.
2. Die Knoblauchzehen dazu pressen und mit dem Ingwer, dem Limettensaft und dem Sesam vermischen.

MARINADEN

GF

ORANGEN-INGWER-MARINADE

Ich lasse gerne getrocknetes veganes „Fleisch" in dieser Mischung aus Orangen und Ingwer köcheln. Das verleiht ihm einen wirklich intensiven Geschmack. Auch zu festem Tofu und Gemüse schmeckt diese Marinade.

500 ml Orangensaft
1 EL geriebener frischer Ingwer
2 Knoblauchzehen
Salz
schwarzer Pfeffer

1. Die Zutaten in einen Topf geben.
2. Das vegane „Fleisch" oder den Tofu hineinlegen, 10–15 Minuten köcheln und danach abkühlen lassen.
3. Auf einen Grillspieß stecken und grillen.

CAJUN-RUB

Bereiten Sie eine größere Menge dieses Rubs vor und auch der spontane Grillabend ist gerettet. Einfach das Grillgut damit einreiben oder bestreuen.

1 TL Zwiebelpulver
2 TL Knoblauchpulver
2 TL Paprikapulver
1 TL Cayennepfeffer
2 TL getrockneter Oregano
½ TL Chiliflocken
2 TL Salz
schwarzer Pfeffer

Alles gründlich vermischen – fertig!

SNACKS & DRINKS

DOPPELT GEGRILLTES KNOBLAUCHBROT MIT BELAG

An manchen Tagen möchte ich einfach nur Knoblauchbrot haben, morgens, mittags und abends. (Ich bin erwachsen und kann machen, was ich will!) Es eignet sich auch super als Snack, während man darauf wartet, dass der Grill richtig in Gang kommt.

KNOBLAUCHBROT
3 Knoblauchzehen
100 ml Olivenöl
2 EL fein gehackte Petersilie
1 TL Salz
8 Scheiben helles Sauerteigbrot

WEISSE BOHNEN MIT ROSMARIN
1 Dose weiße Bohnen à 400 g
1 EL Olivenöl
1 Knoblauchzehe
1 Zweig frischer Rosmarin
1 TL Salz
schwarzer Pfeffer

GERÖSTETE PAPRIKA
1 rote Paprikaschote
1 gelbe Paprikaschote
1 EL Olivenöl
2 Knoblauchzehen
2 EL fein gehackter Basilikum
2 EL geröstete Pinienkerne
1 Prise Salz

GF

Für die glutenfreie Variante glutenfreies Brot verwenden.

KNOBLAUCHBROT

1. Die Knoblauchzehen in eine Schüssel pressen. Das Olivenöl, die fein gehackte Petersilie und das Salz dazugeben.
2. Die Brotscheiben großzügig mit dem Knoblauch-Olivenöl bestreichen. Je mehr, desto besser schmeckt es. Die Brotscheiben grillen, bis sie ein schönes Grillmuster haben.

WEISSE BOHNEN MIT ROSMARIN

1. Die Bohnen abgießen und unter fließendem Wasser abspülen. Abtropfen lassen und mit einem Handmixer oder einer Küchenmaschine zusammen mit dem Olivenöl und dem geriebenen Knoblauch mixen.
2. Den Rosmarin abzupfen, fein hacken und unter die Bohnenpaste rühren. Mit dem Salz und etwas Pfeffer abschmecken.
3. Die Bohnenpaste auf das Knoblauchbrot geben. Nach Belieben Olivenöl darüber träufeln und mit ein wenig frischem Rosmarin bestreuen.

GERÖSTETE PAPRIKA

1. Den Backofen auf 250 °C vorheizen.
2. Die Paprikaschoten halbieren und die Kerngehäuse entfernen. Mit der Schnittseite nach unten auf ein mit Backpapier ausgelegtes Backblech legen. Mit dem Olivenöl bestreichen und ca. 15 Minuten im Ofen rösten.
3. Herausnehmen und in eine Schüssel legen. Mit Frischhaltefolie bedecken und 10 Minuten stehen lassen. Wenn sie abgekühlt sind, die Schale abziehen.
4. Die Paprika und die Knoblauchzehen fein hacken. Mit dem Basilikum, den gerösteten Pinienkernen und dem Salz vermengen und auf dem gerösteten Knoblauchbrot verteilen.

PAPRIKA AUF DEM GRILL ZUBEREITEN?

Die Paprikaschoten können auch auf den Grill gelegt werden. Wenn sie schwarz geworden sind, herunternehmen und dem Rezept weiter folgen. Aber manchmal ist es hilfreich, wenn schon einige der Köstlichkeiten vorbereitet sind.

CASHEWKÄSE & GETROCKNETE WEINTRAUBEN

Die getrockneten Weintrauben warten ja eigentlich nur darauf, mit einem kühlen Drink heruntergespült zu werden. Sie werden süßer im Geschmack und zäher in der Konsistenz, wenn man sie, wie in diesem Rezept, eine Weile in der Wärme liegen lässt. Cashewkäse ist mein ständiger Begleiter in der Küche und kann in viele Rezepte integriert werden, wenn man nach etwas Cremigem sucht. Oft lasse ich ihn aber alleine auf einem Keks glänzen, also fast ohne andere Zutaten.

CASHEWKÄSE
150 g Cashewnüsse, naturell
1 EL Olivenöl
1 EL Zitronensaft
2 EL Wasser
1 Prise Salzflocken
1 EL fein gehackter frischer Rosmarin

GETROCKENE WEINTRAUBEN:
1 Traube Weintrauben, grüne oder blaue

Kekse, nach Belieben

GF

Für die glutenfreie Variante glutenfreie Kekse verwenden.

CASHEWKÄSE
1. Die Cashewkerne in Wasser legen und 8 Stunden - oder über Nacht - einweichen lassen.
2. Das Wasser abgießen und die Kerne zusammen mit dem Olivenöl, dem Zitronensaft und dem Wasser in eine Küchenmaschine geben und mixen, bis eine ziemlich feste Creme entsteht.
3. Den Cashewkäse zusammen mit dem Salz und dem fein gehackten Rosmarin in eine Schüssel geben.

GETROCKNETE WEINTRAUBEN
1. Den Backofen auf 100 °C vorheizen.
2. Die komplette Traube auf ein mit Backpapier belegtes Blech legen. 4–6 Stunden in den Backofen stellen. Ab und zu wenden. Die Traube aus dem Ofen nehmen, wenn sie trocken genug ist.

Den Cashewkäse auf die Kekse streichen und die getrockneten Weintrauben dazu essen. Ein Glas gekühlter Wein passt sehr gut dazu.

GEFÜLLTE WEINBLÄTTER

GF

Mein veganer Favorit aus dem Nahen Osten. Oft werden die Weinblätter mit gekochtem Reis und Minze gefüllt, was mir aber noch nie wirklich geschmeckt hat. Ich habe sie stattdessen mit Nüssen und getrockneten Früchten gefüllt. Super lecker, egal ob lauwarm oder kalt!

16 STÜCK

1 Glas eingelegte Weinblätter
1 Zwiebel
1 Knoblauchzehe
150 g Walnüsse
3 EL Pinienkerne
3 EL gehackte Rosinen
3 EL gehackte getrocknete Aprikosen
40 g feingehackter Dill
40 g feingehackte Petersilie
½ TL Salz
2 Zitronen
500 ml Wasser

ZUBEREITUNG

1. Die Zwiebel und die Knoblauchzehe fein hacken.
2. Die Walnüsse und die Pinienkerne ebenfalls sehr fein hacken oder eine Küchenmaschine verwenden.
3. Die Zwiebeln, den Knoblauch, die Nüsse, die Rosinen, die Aprikosen, den Dill, die Petersilie und das Salz in einer Schüssel vermischen.
4. Die Weinblätter ausgebreitet auf eine Arbeitsfläche legen. ½-1 EL Füllung auf jedes Blatt geben. Die Seiten falten und die Blätter zusammenrollen.
5. Kaputte Blätter auf den Boden eines Topfes auslegen. Anschließend die gefüllten Weinblätter eng nebeneinander in den Topf legen. Die Zitronen darüber ausdrücken und Wasser darüber gießen. Anschließend langsam aufkochen und 30 Minuten auf schwacher Flamme köcheln lassen.
6. Vor dem Servieren abkühlen lassen.

EINGELEGTE WEINBLÄTTER?

Eingelegte Weinblätter finden Sie in größeren Supermärkten oder Geschäften mit orientalischen Lebensmitteln.

FRITTIERTE KRÄUTER

Eine Weile waren frittierte Salbeiblätter für mich ein Standard-Snack zu Drinks. Dann habe ich eingesehen, dass es doch einen ganzen Kräutergarten gibt, der nur darauf wartete, frittiert zu werden. Sie haben also freie Auswahl und können Ihre Gäste raten lassen, woran sie knabbern.

200 g frische Kräuter zum Frittieren, z. B. Salbei, Petersilie, Minze und Basilikum

FRITTIERTEIG
100 g Weizenmehl
150 ml helles Bier
1 Prise Salz

500 ml Rapsöl zum Frittieren

Die Blätter von den Kräutern entfernen. Die Petersilie kann in kleinen Sträußchen frittiert werden.

FRITTIERTEIG

1. Das Weizenmehl, das Bier und das Salz in einer Schüssel vermischen.
2. Die Kräuter in den Teig tauchen und auf ein Blech ablegen.
3. Das Öl in einem Topf mit dickem Boden oder einer Fritteuse auf 180 °C erhitzen.
4. Jeweils einige Blätter gleichzeitig eintauchen und frittieren, bis sie auf allen Seiten goldbraun sind.
5. Auf Küchenpapier abtropfen lassen.
6. Salzen und servieren.

GF

Für die glutenfreie Variante Kichererbsenmehl anstelle von Weizenmehl verwenden.

ROSÉ-SANGRIA

Ich bin kein großer Fan von Rotwein. überhaupt nicht. Als ich entdeckt habe, dass man Sangria auch ohne Rotwein zubereiten und stattdessen Rosé verwenden kann, war das genau das Richtige für mich. Sie kann, wenn viele Gäste zu Besuch sind, auch in große Karaffen gefüllt werden.

6 GLÄSER

1 Flasche kalter Rosé
50 ml Orangenlikör, z. B. Cointreau oder Grand Marnier
200 g Erdbeeren
2 Pfirsiche oder Nektarinen
250 ml Limonade
Eiswürfel

ZUBEREITUNG

1. Den Rosé und den Orangenlikör in einer großen Karaffe vermischen.
2. Die Erdbeeren halbieren und die Pfirsiche oder Nektarinen in Achtel schneiden. Zusammen mit der Limonade und ein paar Eiswürfeln in die Karaffe geben.

SEKT MIT HOLUNDER-BLÜTENSORBET

Viele Menschen glauben, dass man keine Eiswürfel in den Sekt geben solle. Über Sorbet ist mir dergleichen nicht bekannt. Wetten, dass Sie diesem kühlen Drink nicht widerstehen können?

6 GLÄSER

1 Flasche Sekt
oder Perlwein

HOLUNDERBLÜTEN-SORBET
80 g Zucker
500 ml Wasser
250 ml Holunderblütensirup
Saft von 3 Zitronen

ZUBEREITUNG

1. Den Zucker und das Wasser in einem Topf aufkochen. Umrühren, bis sich der Zucker aufgelöst hat. Den Holunderblütensirup und den Zitronensaft dazugeben und anschließend in den Kühlschrank stellen, bis die Mischung ganz abgekühlt ist.
2. In einer Eismaschine zu einem luftigen Sorbet verarbeiten. In einen Behälter füllen und in den Gefrierschrank stellen.

Zum Servieren den Sekt in ein Sektglas füllen und einige Kugeln Sorbet dazugeben. So schnell wie möglich servieren!

GEFRORENER MELONENDRINK

Mein Lebensgefährte liebt Wassermelone. Diesen wirklich leckeren Drink habe ich ihm gewidmet.

4 DRINKS

800 g Wassermelone
16 cl Wodka
Saft von 3 Limetten
4 EL Zuckersirup
Eiswürfel

ZUBEREITUNG

1. Die Wassermelone in Stücke schneiden und für einige Stunden - oder über Nacht - in den Gefrierschrank stellen.
2. Anschließend das gefrorene Fruchtfleisch in einem Mixer mit dem Wodka, dem Limettensaft und dem Zuckersirup mixen.
3. Den Drink durch ein Sieb in 4 Cocktailgläser mit Eiswürfeln füllen und sofort servieren.

DAIQUIRI

Mein Weg in die Welt der Cocktails begann mit einem klassischen, eiskalten, leicht säuerlichen Daiquiri. Deshalb interessieren mich die neumodischen Varianten mit Beeren usw. überhaupt nicht. Nein, das Original muss es sein!

1 COCKTAIL

4 cl heller Rum
2 cl Limettensaft
1 cl Zuckersirup
Eiswürfel

ZUCKERSIRUP
1 Teil Wasser
1 Teil Zucker

ZUBEREITUNG ZUCKERSIRUP
Das Wasser und den Zucker aufkochen und 1 Minute köcheln lassen, bis der Zucker sich ganz aufgelöst hat. In eine Glasflasche füllen und zum Abkühlen in den Kühlschrank stellen. Hält sich eine halbe Ewigkeit.

Alle Zutaten für den Daiquiri in einem Glas verrühren und nach Geschmack mit einer Limettenscheibe garnieren.

DESSERTS

GEGRILLTE PFIRSICHE MIT MANDEL-RICOTTA & KARAMELLSAUCE

GF

Der Geschmack von Mandeln versüßt im Prinzip alle meine Lieblingsdesserts. Der cremige Mandel-Ricotta passt zu allen gegrillten Früchten, ebenso wie die Karamellsauce.

4 PORTIONEN

GEGRILLTE PFIRSICHE
4 Pfirsiche
Rapsöl
3 EL Rohrohrzucker

MANDEL-RICOTTA
250 g geschälte Mandeln
200 ml Wasser
1 Vanilleschote
2 TL Agavendicksaft

KARAMELLSAUCE
250 g Zucker
150 + 100 ml Wasser
1 Prise Salzflocken

GEGRILLTE PFIRSICHE

1. Die Pfirsiche halbieren und die Steine entfernen.
2. Die Schnittseiten mit Rapsöl bestreichen und mit Rohrohrzucker bestreuen. Auf einen nicht zu heißen Grill legen, bis sie weich sind und schöne Grillstreifen bekommen haben.

MANDEL-RICOTTA

1. Die Mandeln 8 Stunden - oder über Nacht - in Wasser einweichen.
2. Das Wasser abgießen, aufbewahren und mit den Mandeln zusammen in eine Küchenmaschine geben. Mindestens 5 Minuten mixen, bis eine gleichmäßige Creme entsteht. Haben Sie Geduld, es braucht seine Zeit, wird aber gut.
3. Die fertige Mandel-Ricotta-Creme in eine Schüssel füllen.
4. Die Vanilleschote längs aufschneiden und das Mark herauskratzen. Das Vanillemark und den Agavendicksaft mit der Mandel-Ricotta-Creme vermengen.

KARAMELLSAUCE

1. Den Zucker und 150 ml Wasser in einen Topf geben und bei mittlerer Temperatur erwärmen, bis eine bernsteinfarbene Sauce entsteht.
2. Zusammen mit dem restlichen Wasser und dem Salz in eine Schüssel füllen und abkühlen lassen. Falls die Sauce nach dem Abkühlen zu dickflüssig ist, einfach einige Teelöffel Wasser dazugegeben.

APFELROSEN

Jeder kann diese kleinen Pasteten backen, die wie blühende Rosen aussehen. Sieht schwierig aus? Ist es aber nicht! Probieren Sie es einfach aus.

12 STÜCK

2 Pakete gekühlter Blätterteig à 425 g

KIRSCHCREME
100 g Marzipanrohmasse
2 EL Butter, milchfrei
1 EL Hafer- oder Sojasahne
1 EL Kirschwasser oder Kirschlikör
1 EL Maisstärke

ÄPFEL
3 rote Äpfel
3 EL Zucker
2 EL Butter, milchfrei
2 EL Zitronensaft

ZUBEREITUNG
Den Backofen auf 225 °C vorheizen. Den fertigen Blätterteig auf dem Tisch ausbreiten und etwas dünner ausrollen. Kreise ausstechen und in ein Muffinblech drücken.

KIRSCHCREME
Alle Zutaten in einer Schüssel verrühren. Die Masse in die mit Blätterteig ausgelegten Formen verteilen.

ÄPFEL
1. Die Äpfel schälen. Dann rundum dünne, lange, möglichst breite Apfelstreifen abschälen und in eine Schüssel legen. Den Zucker, die Butter und den Zitronensaft dazu geben und alles vermischen. 1 ½ Minuten in die Mikrowelle stellen oder vorsichtig in einem Topf erwärmen. Die Apfelstreifen sollen weich werden.
2. Die Apfelstreifen aufrollen und in die Muffinformen drücken. Weitere Apfelscheiben in die Mitte drücken, bis die Formen voll sind.
3. Ca. 15 Minuten in den Backofen stellen, bis der Teig und die Äpfel Farbe bekommen haben. Aus dem Ofen nehmen und etwas abkühlen lassen.
4. Die Kirschkonfitüre in der Mikrowelle oder in einem Topf erwärmen.
5. Die Apfelrosen damit bestreichen. Servieren.

SCHOKOLADEN-SALAMI GF

Dies ist womöglich die lustigste Art, Schokolade und Kekse zu servieren. In Form einer Räucherwurst! Perfekt nach einem ausführlichen Abendbrot, wenn kein Platz mehr für einen großen Nachtisch ist.

4–6 PORTIONEN

150 g dunkle vegane Schokolade
50 g Butter, milchfrei
3 EL Kakao
2 EL Zucker
30 g Mandeln
100 g Kekse, z. B. vegane Butterkekse
2 EL Puderzucker

Alufolie
Küchengarn

ZUBEREITUNG

1. Die Schokolade fein hacken und mit der Butter in einer Schüssel vermischen. Vorsichtig in der Mikrowelle oder im Wasserbad schmelzen.
2. Den Kakao und den Zucker unterrühren.
3. Die Mandeln hacken und die Butterkekse in kleine Stücke brechen und in die Schokoladenmischung geben.
4. Ein Stück Alufolie auf einer Arbeitsfläche auslegen. Die Schokoladenmischung auf die Alufolie geben und zusammenrollen. So gut wie möglich zu einer „Salami" formen und die Enden zudrehen, damit die Schokolade nicht ausläuft.
5. Ein paar Stunden - oder über Nacht - im Kühlschrank hart werden lassen.
6. Die Schokoladensalami im Puderzucker rollen, eventuell mit Küchengarn umwickeln.
7. Vor dem Servieren mit einem Messer in Scheiben schneiden.

GF

Für die glutenfreie Variante glutenfreie Kekse verwenden und darauf achten, dass die Schokolade tatsächlich glutenfrei ist.

MILCHFREIE WEISSE SCHOKOLADE?

Ja, das gibt es und sie schmeckt genauso wie ihre milchhaltige Schwester. Suchen Sie in großen Supermärkten oder bestellen Sie sie im Internet.

WEISSES SCHOKOLADEN-PARFAIT

Dies war schon seit Kindertagen mein Lieblingsnachtisch und er ist es auch heute noch. Ich liebe einfach das kalte, weiche Parfait in Kombination mit den roten Beeren. Ich kann davon eine ganze Menge essen, bevor ich satt bin.

10 STÜCKE

HIMBEERSAUCE
500 g gefrorene Himbeeren
125 g Zucker
1 EL Maisstärke

WEISSES SCHOKOLADEN-PARFAIT
300 g weiße Schokolade, milchfrei
50 ml Rapsöl
500 ml Hafer- oder Sojasahne

KEKSBODEN
200 g Vollkornkekse

DEKORATION
frische Himbeeren
Pistazien

GF

Für die glutenfreie Variante glutenfreie Vollkornkekse verwenden und darauf achten, dass die weiße Schokolade tatsächlich glutenfrei ist.

HIMBEERSAUCE

1. Die Himbeeren auftauen und zusammen mit dem Zucker und der Maisstärke in einem Topf mit einem Stabmixer verrühren. Unter ständigem Umrühren aufkochen und köcheln lassen, bis die Sauce dicklich wird.
2. Die Sauce in eine Schüssel füllen. Sie können die Sauce vorbereiten und später einfach kurz vor dem Servieren aufwärmen.

WEISSES SCHOKOLADENPARFAIT

1. Die weiße Schokolade fein hacken und vorsichtig in der Mikrowelle oder im Wasserbad schmelzen. Die geschmolzene Schokolade in eine Schüssel geben und das Öl unterrühren.
2. Die Sahne in einer Schüssel steif und luftig schlagen.
3. Etwas Schlagsahne unter die Schokolade mischen, um sie aufzulockern, damit sie sich leichter mischt. Das Ganze dann zu dem Rest der Sahne in die Schüssel geben und mit einem Teigschaber vorsichtig unterheben.
4. Eine Brotbackform (1,5 Liter) mit Frischhaltefolie auskleiden. Das Schokoladenparfait in die Form füllen.
5. Die Vollkornkekse hacken und vorsichtig oben auf den Teig drücken. Dies wird der Boden, wenn das Parfait gestürzt wird. Die Form ein paar Stunden (oder über Nacht) in den Gefrierschrank stellen.

30 Minuten vor dem Servieren die Form aus dem Gefrierschrank nehmen und auf einen Teller stürzen. Mit frischen Himbeeren und Pistazien dekorieren. Die warme Sauce zur Selbstbedienung auf den Tisch stellen.

GEGRILLTES BANANENSPLIT MIT ERDNUSS-FUDGE GF

Eine gute Nachricht für alle, die Bananensplit lieben: Es gibt eine neue Variante und die kommt direkt vom Grill! Das i-Tüpfelchen ist die leckere Schokoladensauce mit Erdnussbutter. Sie können mir später danken, essen Sie sich erst einmal fröhlich.

4 PORTIONEN

GEGRILLTE BANANEN
4 Bananen
2 EL brauner Zucker
50 ml Agavendicksaft

ERDNUSSFUDGE
200 ml Hafer- oder Sojasahne
100 g fein gehackte dunkle Schokolade
100 g Erdnussbutter
50 ml heller Sirup

ZUM SERVIEREN
Vanille-, Schokoladen- und Erdbeereis, auf Soja-, Hafer-, Reis- oder Kokosmilchbasis
Schlagsahne, auf Soja-, Hafer-, Reis- oder Kokosmilchbasis
eingelegte Kirschen
gehackte Erdnüsse

GEGRILLTE BANANEN

1. Die Bananen mit der Schale längs halbieren.
2. Den braunen Zucker mit dem Agavendicksaft vermengen und auf die Schnittseite der Bananen streichen. Die Bananen mit der Schnittseite nach unten auf einen nicht zu heißen Grill legen. So lange grillen, bis sie etwas weich geworden sind und Farbe bekommen haben. Die Bananen wenden und fertig grillen.
3. Die gegrillten Bananen auf einen Teller legen und abkühlen lassen.

ERDNUSSFUDGE

1. Die Schlagsahne, die dunkle Schokolade, die Erdnussbutter und den Sirup in einem Topf verrühren. Auf niedriger Hitze schmelzen, bis eine herrliche Schokoladensauce entsteht.

Zwei Bananenhälften auf einen Teller legen. Anschließend einige Kugeln Eis und Schlagsahne auf die Bananen geben. Das Erdnuss-Fudge darüber träufeln und mit eingelegten Kirschen und Erdnüssen dekorieren.

REZEPTREGISTER

ZUM GRILLEN

BEILAGEN

SAUCEN, DIPS & MARINADEN

SNACKS & DRINKS

DESSERTS

DANKSAGUNG

Zunächst einmal möchte ich meinem Verlag danken, der offen war, ein veganes Grillbuch zu unterstützen. Dank auch an Linus Hallgren, der fantastische Bilder gemacht hat und mich und mein gestresstes Ich einige Tage lang ertragen hat. Danken möchte ich meinem Lebenspartner Jonas, der mich immer wieder auf den Boden zurückholt und meiner Mutter, die in meiner Kindheit dafür gesorgt hat, dass bei uns immer gegrillt wurde, sobald sich die ersten Sonnenstrahlen hervorwagten.

Mein Dank gilt auch den vielen lausigen Grillpartys mit richtig schlechtem Essen, die mich dazu inspiriert und motiviert haben, dieses Buch so gut wie möglich werden zu lassen.